Québec – Poèmes de J.P. Krotz

Québec, l'automne 2022, édition révisée 2024

© Les édtions d'Autrefois – Trèves, l'Allemagne
Sous presse: kdp, à partir de 2023, sur demande
ISBN 978-3-910884-06-9

Québec - Poèmes

Le fleuve Saint-Laurent
La vieille maison
Navires pour la glace
Frontenac
Place Royale
Escaliers
Notre Dame
Beaux-arts
Traversiers
Souffle
Arriver
Le silence
Jardins
Deuil
La vie
Scintillement
Après des années
Un jour ou l'autre
De bon matin
Se tenir droit
Environ
En attendant
Une fois
L'Amour
L'adieu

Le Fleuve Saint-Laurent

Dans une nuit claire et éclatante,
Les eaux glissent avec puissance,
La gravité argentée mouvante,
Vers la mer vaste, la mer qui danse.

Pourtant, elles n'arrivent pas encore,
La marée monte et c'est la cause,
Le fleuve est rempli à ras bord,
Car les forces de mouvement s'opposent.

De cette manière, elles coulent pourtant,
Vers l'horizon, à perte de vue,
Comme un troupeau, nous les suivons.

Elles nous charrient tous en leur sens,
Même si nous rêvons de nos propres rues,
Nous les suivons à travers le temps.

La vieille maison

Les jours défilent comme une tempête.
Les poutres épaisses du toit gémissent.
Plus de tuyaux d'eau dans la courette.
Le bois des fenêtres ? - Les vers conquièrent.

Mais elle brille en jaune, cette maison-là.
En bleu, sa voisine vient d'être repeinte.
Les choses cassées sont sous les draps.
De loin, elles semblent de nouveau entières.

Il attend encore les deux comme ça,
Tels qu'ils se tiennent sur la rive du fleuve,
Pour une courte période, une nouvelle vie.

Nouveaux invités arrivent là-bas,
Les cris, venus des bateaux, en font la preuve,
Ramant avec force les corps se plient.

Et sur les balcons ? Des gens joyeux !
Et les enfants sautent avec de grands rires.
Et la barque s'approche peu à peu.
Même sans avenir, on peut réussir.

Navires pour la glace

Cinq navires s'alignent sur le quai,
En blanc et rouge, de proue à poupe,
La flotte repose, sur quoi l'attendrait ?
Pour moi, un mystère : le sens du groupe.

Une baleine s'amuse en aval, boréale,
Et des navires viennent du nord-est,
Remontant le fleuve jusqu'à Montréal,
Le ciel est chargé et les nuages restent.

La mission de la flotte devient claire.
Bientôt, les flocons blancs tomberont,
Puis la glace viendra, tranchante et pure,

La glace ne doit pas heurter le fer,
Des brise-glaces, il faudra maintenant,
Ils rompent ce qui était clos et dur.

Frontenac

Sur une pente abrupte au bord de la rivière,
Sur une colline plate, à l'écart des normes,
Il se dresse, comme s'il était nécessaire,
Un rêve de château, en masse énorme.

Et il n'est ni neuf, ni vraiment vieux,
Le Château Frontenac, ainsi nommé,
Il ne laisse personne indifférent, mon Dieu,
Québec, de ce fait, connu au monde entier.

En tant qu'hôtel ferroviaire, il est né,
Avec ses tours et ses drapeaux.
L'emplacement était bien choisi.

Car il s'est depuis longtemps avéré,
Pas seulement dans les chemins de fer, c'est vrai,
Que l'impression forte à tous a plu.

Place Royale

À la Place Royale je bois café,
Dans un gobelet jetable, certes,
Par la neige, la place est recouverte.
La petite église, Des Victoires, me plaît.

La statue du Roi Soleil se dresse,
Légèrement tournée, regard perdu.
La fin révèle qui est vaincu.
Un linceul blanc que les Heures nous tissent.

Il y a des pas lourds dans la neige,
Aimables visiteurs venus de loin.
Ils prennent des photos en marchant.

Du prêt-à-porter en manège,
Les hâtifs apprécient ce qu'ils voient par là.
Un regard. Et ils sont partis déjà.

Escaliers

Québec, disputé dans les temps d'autrefois,
Haut sur les plaines devant la ville fermée,
En osant leurs vies pour la victoire,
Deux généraux y en ont fait les frais.

Aujourd'hui, les escaliers montent à pic.
Du fleuve aux Plaines d'Abraham,
Seuls les enfants les prennent sans répit,
Les vieux hésitent et les font avec calme.

Celui qui brave les escaliers raides,
Avec fortune, il avance si vite.
Et arrive radieux à son but que...

Mais parfois, le destin peut être laid,
Contrariant nos plans, semant nos dépits.
Quand nous en désirons trop et trop brusque.

Notre Dame

Une sphère d'or, comme le soleil,
Elle porte le Christ haut dans le cœur.
Vers son royaume, il marche à merveille,
Après une fin d'horreur.

Le crucifix, comme sceptre d'or,
Il le saisit de la main gauche, légère.
La main droite, ouverte, nous sort
Sur le chemin vers le pays du Père.

Comme une couronne au-dessus de l'autel,
Les arcs portent le Christ sans peine,
Le Ressuscité en chair.

Celle qui lui a donné le jour comme tel,
Une servante de Dieu et une reine,
Porte une aura comme une couronne hors pair.

Beaux-arts

Dans les temps anciens, le Québec suffisait,
Ce dont dispose cette ville en forme spéciale,
Pour nous protéger, comme Krieghoff peignait,
Une forteresse grande, en forme d'étoile.

Un rempart imposant, digne d'un Vauban,
Cornelius l'expose dans toute sa splendeur.
À l'est, son écho, modeste sur un autre plan,
Un séminaire, noble en sa grandeur.

Entre ces deux joyaux, s'étend un site plat,
Comme le terrain d'entraînement des soldats,
Pas de Château Frontenac à l'horizon.

Comme un trésor immérité et bon,
Nous devons notre savoir aux beaux-arts,
Afin qu'on comprenne ce qui se passa.

Traversiers

Les bateaux font des allers-retours,
L'un avec et l'autre sans voitures.
Le fleuve, à son tour, ralentit l'allure,
Car la marée l'oppose deux fois par jour.

Rappelle-toi, l'équipe fait son travail à l'heure,
Toujours, jusqu'à tard dans la nuit.
Après un court trajet, tout est fini sans bruit.
Le salut des passagers vient du bon cœur.

Le plan d'urgence est annoncé,
Pour savoir quoi faire en cas de danger.
Même les craintifs ne s'effraient nulle part.

Et l'amarrage demande de l'art.
Si le courant pousse en travers du côté,
L'amarrage prend son temps, ça peut durer.

.

Souffle

L'air immobile emplit la pièce,
Il semble ne pas être là.
Le souffle s'écoule comme à l'aise,
Un rêve léger dans de beaux draps.

Une tempête mugit sur un champ nu,
Sur des étendues glacées et blanches.
Un foulard dense fait respirer pas plus.
On entend comme se brisent les branches.

Quel que soit le jour rapporte dehors,
Nous respirons et nous vivons quand même.
Depuis que nous sommes nés au monde.

Le malade, qui lutte pour souffler encore,
Nous le voyons lutter en peine,
Jusqu'à ce qu'il perde sa ronde.

SMITH

Arriver

Tout à coup, le but est atteint,
Nous espérons que là les images,
Comme se déploient, où l'attente prend fin,
Seront comme de notre cœur une page.

Et nous voilà, et on s'embrasse et rit,
Le cœur léger, riant de tout fardeau.
Nous laissons derrière nous tous les soucis,
Ils ne valent plus qu'on en dise un mot.

Ils nous prendront sous leur emprise encore,
Mais maintenant, nous sommes hors du temps,
Car la liberté nous a mis au dehors.

Mais l'éternité n'reste qu'un rêve,
Nous sommes arrivés à bon port maintenant,
L'arrivée était le but, mais elle dure brève.

Le silence

Le silence n'est pas comme un 'se taire',
Peut-être fait d'un appel silencieux,
Qui résonne dans la nuit, argenté et lumineux,
Des anges qui l'ont créé dans l'air.

Le silence repose sur la terre en vol,
Comme un voile de brouillard frappant.
Les mythes se bercent en son sein, cachant,
Aux sons de la lyre d'Apoll'.

Libérée de la pensée,
L'âme flotte dans l'air vibrant,
S'élevant sur des ailes puissantes.

Pour qu'elle soit, où vit la paix,
Et un succès toujours discret,
D'un silence éclatant.

Jardins

Une petite plante, entassée de terre,
Montre comme elle est soignée et pure.
Elle est doucement arrosée, comme ses pairs,
Ses voisins aussi sont soignés, c'est sûr.

Le parterre, pas grand, se trouve avec d'autres
Dans un jardin au-dehors de la ville.
À la clôture, des feuilles de vigne se montrent,
Et l'automne brille en couleurs mille.

Le petit jardin n'est pas un parc dehors,
Stylé comme Blenheim et Versailles d'autrefois,
Il n'est pas étendu et tranquille.

Mais si l'amour du jardinier est fort,
Nous montrera mai, ce merveilleux mois,
Comme les fleurs du petit jardin brillent

.

Deuil

Où tu étais, existe du chagrin maintenant,
Et pourtant tu es proche, plaisir,
Dans mes images intactes, pas loin,
Quand je t'ai vu partir.

Le chemin que nous avons partagé,
N'existe plus, seulement le deuil,
Parti maintenant, mais si vivement rappelé,
Tout ce que la vie a donné à l'œil.

Et si le chemin descend pendant des heures,
Dans les nuits et les jours en avant,
À travers cette vallée de deuil.

Tu m'as tendu le bâton du cœur,
Le porter avec courage et fort sang.
C'est la consolation que je veuille.

La vie

Ne pas être un, mais plusieurs,
Et dans le multiple, être l'un.
Être ensemble et aussi seul quelques heures,
Mais ne pas être seul en vain.

Poursuivre le chemin jusqu'au bout,
Même si les chemins sont nombreux.
Le pas parfois s'arrête, puis court,
Change de rythme dans son jeu.

La vie nous prend là où nous sommes nés,
Nous grandissons et nous essayons,
Toujours, toujours, toujours en avant.

Il y a quelqu'un avec un grand projet,
Il nous donnera tout ce que nous aurons.
Il nous guide en nous mouver en avant

.

Scintillement

Comme un miroir gris-bleu, c'est la mer,
Où le soleil se reflète mille fois autant,
Sur des briques rouge-brun mais claires,
Les gouttes de glace sont comme des brillants.

Un scintillement sur les branches,
Une ronde argentée et marine,
Les feuilles tombent comme des anges.
La neige blanche semble cristalline,

Le soleil se couche lentement,
Et envoie ses derniers rayons
Dans une abondance éblouissante.

Le monde scintille joyeusement
Et ne laisse guère entrevoir au fond,
De la paix à venir, tant profonde.

Après des années

Il y a deux enveloppes dans ma main, pliées,
Cachées avec des autres dans le placard.
Je ne savais plus, tandis que je les ai trouvées,
Qui me les avait envoyées, quand et pourquoi.

L'écriture m'est étrangère maintenant.
Mais l'expéditeur m'éclaire tout de suite,
Qu'une fois je les désirais, me passionnant,
Mais à l'oubli, vous deux suivîtes.

Des années plus tard, je le savais encore,
Qui m'écrivait ce temps-là :
Toujours la tienne, avec un grand amour.

Mais aujourd'hui, ces jours sont gris alors.
Perdu. Un sourire est resté, n'est-ce pas ?
Qu'est-ce qui peut rester avec nous pour toujours ?

Un jour

Un jour, quand toutes les ficelles seront cassées,
Quand toutes les directions seront égalées,
Quand les sauveurs ne sont plus que des joueurs,
Les comédiens finalment perdent leur sérieux.

Et sur un sol encore humide et frais,
La graine, longtemps reposée, germera.
Celui qui jadis cultiva la terre en paix,
Ne fera plus rien en vain, on le verra.

Ce n'est pas que dans l'attente nous tremblions,
Que nous nous lamentions
Ou même que nous luttions.

Il nous offrira un jour nouveau, en patience,
Et nous récompensera de notre confiance,
Celui qui a toujours été là en silence.

NEW
YORK
JAZZ

De bon matin

Réveille-toi ! La nuit est finie, d'abord !
Enlève les plumes et lève les fesses !
Le coq est-il donc muet encore ?
Les poules se taisent, pas seulement en Bresse !

Il m'a réveillé d'un sommeil profond :
Le vieux réveil, un son strident il a émis.
Il sonne jusqu'à ce que j'aie tapé sur le bouton.
Bon sang, il n'est que trois heures et demie.

Mauvais réglage ! Comment est-ce possible ?
Ai-je perdu la tête un peu ?
Quand je me suis balancé en allant au lit ?

Est-ce parce que j'ai bu du vin, sans cible ?
Retourne me coucher, furieux.
Maintenant le coq arrive avec son cri !

Se tenir droit

La tête haute, d'un pas mesuré,
Le souffle tranquille et sûr de lui,
L'artisan vient, l'esprit éclairé,
Roulé sous le bras son dessin fini.

Le maître le regarde avec pure attention,
Et prend le plan des meneaux gothiques.
Reconnaît ce qui peut avoir des améliorations,
Il donne des louanges, mais les trouve trop antiques.

L'artisan s'en va, marchant droit, pour achever
Une œuvre, unique et jamais vue,
Faisant ce qu'il n'a jamais tenté.

Avec un sens de l'art et des mains dorées,
Il complète ce qui n'appartient qu'à lui.
La bénédiction du maître il n'a pas cherchée.

Marché de N
ALLEMAND
de Québec

Environ

Dans une heure - environ - là doit-il être,
Me dit mon voisin en hésitant.
La neige canadienne s'abat sur la fenêtre,
Au fin de voyage ce train encore sera vacant.

Je lui réponds avec bonne humeur :
Exactement comme l'horaire le voulait.
Mon voisin tout à coup parle du cœur :
Il ne faut pas se fier aux plans, il me disait.

L'étranger, son visage me le montre,
En son pays a enduré bien des choses,
Des trains qui ne roulaient guère à l'heure.

Et il n'a plus confiance pour s'y prendre,
En tant que Suisse, là je ne suis pas morose.
Mais ici, nous devrions plutôt nous taire.

En attendant

Ils ont fait beaucoup plus qu'ils n'avaient compté,
Certes, il restait encore de durs problèmes.
Mais la force, finalement trop épuisée,
Ils ne pouvait plus se vaincre soi-même.

Entre-temps, il se faisait bien tard.
Demain, ils verraient le résultat parfait.
Et il venait du grand nord, sans égard,
Le front de neige avec power-play.

Ils se mirent en route, mais restèrent bloqués.
Le prochain village n'était pas loin.
Mais personne ne venait leur faire le phare.

Ils s'endormirent. Qui allait les réveiller ?
Le froid vint, mais une voix les apaisa, enfin.
Il leur faut qu'avec de la patience on se pare.

Une fois

Une fois, un voile couvrait toutes choses,
Les berçant d'une douce brise longtemps.
Le monde alors était plein de chants roses,
Comme des fleurs délicates sur un buisson.

Un jour, je me suis réveillé, là le marteau.
J'ai forgé le fer encore brûlant,
Vaincre la dureté, c'était ma sueur de peau,
C'était la tâche de mes efforts sanglants.

Autrefois, je ne connaissais pas l'âme de la terre,
Et le cri de l'enclume jamais là ne s'en va.
Pourtant, j'étais heureux.

J'aspire qu'elle soit encore sans pair,
Que le silence règne à nouveau en moi,
Maintenant que je suis vieux.

.

Rêvez
Comme si vous n'aviez rien à perdre
Croyez
Comme si tout était possible
Aimez
Comme si votre cœur ne connaissait pas de limites
Vivez
Comme si il n'y avait qu' aujourd'hui

L'Amour

Ce n'est pas aberrant de tomber amoureux.
Ce n'est pas non plus une ruse de la nature.
Aussi, à Brest parfois le ciel est bleu,
Et ce n'est pas la fausse piste d'une guerre impure.

L'amour est de toute vie la roue,
C'est passion, raison et grand projet.
C'est ce que Dieu a fait pour nous.
Il est le grand axe sur notre trajet.

L'amour m'a toujours inspiré,
Son doux nectar nous rend fiables.
Tous ceux qui aimaient le comprendront.

Un fou qui prend l'amour pour s'en moquer,
Celui qui envie cette force aimable,
Où même l'aveugle voit l'éclat profond.

L'adieu

La maison qui fut longtemps ma demeure,
Je la quitte maintenant, je n'y reviendrai plus.
Remplies d'espoir, de confiance et de bonheur.
En écrivant pendant des heures, ici, j'ai vécu,

Les pensées qui m'ont rendu visite ici,
Je l'espère, se sont hâtées en avance.
Elles sont sages depuis longtemps, ces amies.
Évitant l'émeute, toujours restant en balance,

Je me hâte de les suivre, sans pas lents,
Quitter le pays, le fleuve, la maison,
Où les mots coulaient si faciles et bien.

Et j'espère au-delà de la mer pourtant,
Quand tout sera réglé avec raison,
Que le plaisir me sourie d'être le sien.